EL LIBRO BUDISTA DE MĀRA

EDITORIAL CÁNTICO
COLECCIÓN · LUZ DE ORIENTE

COLECCIÓN DIRIGIDA POR RAÚL ALONSO

cantico.es · @canticoed

Suscríbete a nuestro blog en
◐◑ Medium @canticoed

© de la traducción:
Raúl Alonso y Manuel José Díaz Márques, 2025
© de la introducción y notas: Raúl Alonso, 2025
© Editorial Almuzara S. L., 2025
Editorial Cántico
Parque Logístico de Córdoba
Carretera de Palma del Río, km. 4
14005 Córdoba
Imagen de cubierta: *Séquito de Mara*, Folio de un Astasahasrika
Prajnaparamita (La perfección de la sabiduría en 8.000 versos),
siglo XI Libro manuscrito originario de Nepal, Himalaya.
Imagen de dominio público.

ISBN: 978-84-10288-46-1
Depósito legal: CO 1906-2024

Impresión y encuadernación:
Imprenta Luque S.L.

MĀRA SAṂYUTTA Y
BHIKKHUṆĪ SAṂYUTTA

EL LIBRO BUDISTA
DE MĀRA

EDICIÓN, TRADUCCIÓN Y NOTAS DE
MANUEL JOSÉ DÍAZ Y RAÚL ALONSO

EDITORIAL CÁNTICO

COLECCIÓN ◯ LUZ DE ORIENTE

SOBRE LOS TRADUCTORES

MANUEL JOSÉ DÍAZ recibió enseñanzas e iniciaciones Vajrayana de importantes Lamas de las diferentes tradiciones de budismo tibetano como S.S. el XIV Dailai Lama, S.S. 41º Sakya Trichen, S.S. Trulshik Rimpoche, S.S. 12º Chamgon Kenting Tai Situpa, S.E. Namkha Drimed Rimpoche, Jigme Gyetrul Rimpoche, S.E. Sakya Jetsun Chimey Luding Rimpoche entre otros. En 2005 conoció a su principal maestro Chögyal Namkhai Norbu Rimpoche de quien recibío enseñanzas y transmisiónes Dzogchen hasta su parinirvana en 2018. Junto a su profunda formación budista, se ha formado en Rebirthing (Renacimiento) desde 1992 y ha sido organizador de la 1ª Formación en Respiración Holotrópica (GTT) con el Dr. Stanislav Grof. También ha desarrollado estudios de antropología relacionados con el chamanismo. Se formó en Chamanismo Transcultural con la "Fundación de Estudios Chamánicos" del Dr. Michael Harner. Organizó dos Giras Mundiales en Sevilla con Monjes Tibetanos: "Por un Milenio de Paz" en el 2000 y "Por la Paz Interior" en 2003. Imparte talleres y atiende consultas privadas.

RAÚL ALONSO es licenciado en Filosofía por la UNED, especializándose en Filosofía de las Religiones, budismo y gnosticismo antiguo. Es director de Editorial Cántico y forma parte del equipo editorial de la revista Vínculos de Historia, de la Universidad

Castilla-La Mancha. Es autor de la edición crítica y la traducción de diversos títulos de la tradición cristiana antigua y moderna de autores como Ramon Llull, San Juan de la Cruz, Santa Teresa de Jesús y textos gnósticos de la Biblioteca de Nag Hammadi como el *Evangelio de Felipe*, el *Evangelio de la Verdad*, el *Libro de Tomás el atleta* y *Las enseñanzas de Silvano*. También es autor de la traducción y edición crítica de diversos textos budistas del Canon Pali. Como poeta ha publicado los libros *La plaga* (2000), *Libro de las catástrofes* (2002), *El amor de Bodhisattwa* (2004), *Temporal de lo eterno* (2014) y *Lo que nunca te dije* (2018). Su poesía reunida ha sido publicada bajo el título *Juventud* (2022) y en este ámbito ha sido distinguido con diversos reconocimientos como el Accésit del Premio Nacional de Poesía Rosalía de Castro, el I Premio de Poesía Joven Radio 3 y el Premio Ciudad de Córdoba Ricardo Molina.

MĀRA Y BHIKKHUṆĪ SAṂYUTTAS: UNA INTRODUCCIÓN AL CONCEPTO BUDISTA DE LA MENTE EN EL CANON PALI

Por Raúl Alonso

El *Māra Saṃyutta* ocupa un lugar singular dentro del corpus del budismo temprano. Esta colección de veinticinco suttas no solo documenta los encuentros entre el Buda y Māra, sino que articula aspectos fundamentales de la doctrina budista a través de estas narrativas de confrontación y trascendencia. La importancia de estos textos radica tanto en su contenido doctrinal como en su sofisticada estructura literaria, que entreteje elementos narrativos y poéticos para transmitir enseñanzas profundas sobre la naturaleza de la experiencia humana y el camino hacia la liberación.

El contexto histórico en que emergen estos textos resulta crucial para su comprensión. El norte de la India del siglo V a. C. presentaba un panorama de intensa fermentación filosófica y religiosa. Estamos hablando de un período que se caracterizaba por una multiplicidad de tradiciones ascéticas y contemplativas que buscaban respuestas a las cuestiones fundamentales de la existencia humana. En este contexto, el *Māra Saṃyutta* representa una colección de enseñanzas inspiradoras y edificantes que articularon una refinada visión budista en diálogo con las corrientes intelectuales y espirituales de su tiempo.

La estructura del texto revela una cuidadosa organización en tres *vaggas* o secciones, cada una de las cuales profundiza progresivamente en la comprensión de los obstáculos para la liberación y la superación de los condicionamientos de la mente sensual e intelectiva. Los encuentros entre el Buda y Māra documentados en estos suttas trascienden el mero antagonismo narrativo. Estas confrontaciones sirven como vehículo para explorar la naturaleza misma de la experiencia humana y las posibilidades de su transformación. A través de estos relatos, el texto desarrolla una comprensión orgánica de la naturaleza de los aspectos egoicos que condicionan a la mente, la psicología de la liberación y la dinámica de la transformación interior.

La figura de Māra mismo emerge como un símbolo multifacético que opera en diversos niveles de significado. Más allá de su papel como antagonista narrativo, Māra encarna la totalidad de las fuerzas que se oponen al despertar espiritual, desde las manifestaciones más burdas del miedo y el deseo hasta los sutiles apegos que mantienen la ilusión de un yo permanente.

Estructura temática

El *Māra Saṃyutta* se divide en tres *vaggas* (secciones o capítulos) intituladas respectivamente "Primera sección", "Segunda sección" y "Tercera sección" (*Paṭhama Vagga*, *Dutiya Vagga* y *Tatiya Vagga*). La primera *vagga* del *Māra Saṃyutta* establece el tono fundamental para toda la colección. Situada temporalmente en el período inmediatamente posterior al despertar del Buda, esta sección inicial aborda la naturaleza misma de la liberación y los obstáculos que se presentan en su realización. La ubicación temporal de estos suttas no es casual y representa el momento paradigmático de la realización espiritual y las fuerzas que intentan socavarla.

El primer sutta de esta sección, que trata sobre el rechazo de las prácticas ascéticas, resulta particularmente significativo. En él encontramos no solo una crítica a las prácticas de mortificación corporal comunes en la India antigua, sino una reformulación completa del concepto de liberación espiritual. El Buda establece que la verdadera purificación no proviene de la negación del cuerpo sino de la comprensión profunda de su naturaleza. La segunda vagga profundiza en aspectos más sutiles de la experiencia y la liberación.

Los suttas de esta sección revelan una comprensión sofisticada de la relación entre consciencia y liberación, explorando cómo la percepción ordinaria puede transformarse mediante la comprensión correcta y la práctica contemplativa. Esta sección desarrolla una teoría implícita de la atención como factor liberador, mostrando cómo la consciencia clara disuelve las trampas del engaño al ver su verdadera naturaleza.

La progresión narrativa en esta sección media muestra una complejidad creciente, tanto en estructura como en contenido. Los diálogos se vuelven más elaborados, las situaciones más matizadas, y las enseñanzas más profundas. Esta sofisticación creciente refleja el desarrollo natural de la comprensión espiritual, que avanza desde las manifestaciones más evidentes del obstáculo hacia sus aspectos más sutiles.

La tercera y última vagga representa la culminación tanto narrativa como doctrinal de la colección. El famoso episodio de las hijas de Māra ejemplifica la agudeza con que el texto trata temas como el deseo, el género y la trascendencia. Este episodio no solo aborda la naturaleza del deseo sensual sino que explora las dimensiones más profundas del apego a la existencia misma.

La progresión a través de las tres vaggas revela una "lógica de la liberación". Cada sección construye sobre las anteriores, profundizando la comprensión y exponiendo capas cada vez más sutiles de significado. Esta estructura progresiva no es meramente pedagógica sino que refleja la naturaleza misma del camino hacia la liberación.

La figura de Māra

La representación de Māra en estos textos trasciende significativamente la simple personificación del mal o la tentación. Māra opera simultáneamente como símbolo cosmológico, existencial y psicológico. En el nivel más inmediato, representa la muerte y la temporalidad, recordando constantemente la naturaleza transitoria de la existencia. Sin embargo, más profundamente, encarna los mecanismos psicológicos que mantienen el ciclo del sufrimiento.

Las estrategias de Māra, detalladas a lo largo de los suttas, revelan un profundo entendimiento de la psicología humana. Estas narrativas analizan los patrones de resistencia psicológica y los mecanismos de defensa que operan contra el desarrollo espiritual. Las transformaciones de Māra, sus argumentos y sus tácticas de intimidación representan los múltiples niveles en que operan estos obstáculos.

Análisis comparativo
e implicaciones filosóficas

El estudio comparativo de Māra con figuras análogas en otras tradiciones religiosas revela tanto paralelismos significativos como diferencias fundamentales que iluminan la naturaleza única de la comprensión budista del obstáculo espiritual. La comparación más inmediata y frecuentemente citada es con la figura de Satán en la tradición judeocristiana. Como señala Pagels en *The Origin of Satan* (1997), aunque ambas figuras comparten el papel de tentador y antagonista espiritual, operan dentro de marcos teológicos y filosóficos radicalmente diferentes.

En el episodio de la tentación de Jesús en el desierto, encontramos un paralelo narrativo significativo con los encuentros entre el Buda y Māra. Sin embargo, mientras Satán representa una fuerza externa en oposición a un plan divino dentro de un marco monoteísta, Māra emerge como la personificación de aspectos inherentes a la condición humana misma. Esta diferencia fundamental refleja las distintas concepciones de la naturaleza del mal y la liberación en ambas tradiciones. Con todo, asumo que la subjetivación de Satán como principio psicológico es perfectamente coherente con el cristianismo e implícita en su doctrina.

Las cualidades oscuras de Māra nos llevan también a una figura análoga dentro del zoroastrismo: Ahriman. Sin embargo, el dualismo cosmológico presente en este sistema, donde Ahriman representa un principio primordial del mal en eterna oposición al bien, contrasta marcadamente con la comprensión budista de Māra como manifestación de la ignorancia existencial más que como una fuerza ontológicamente independiente.

En el contexto del hinduismo, podemos encontrar paralelos significativos entre Māra y el concepto de māyā, la ilusión cósmica que vela la verdadera naturaleza de la realidad. Sin embargo, mientras māyā actúa sobre todo como un principio metafísico, Māra incorpora dimensiones personales y psicológicas que lo hacen más relevante para la experiencia humana directa.

Las implicaciones filosóficas de la figura de Māra se extienden más allá del ámbito religioso comparativo. En el nivel epistemológico, Māra representa los límites y distorsiones inherentes a nuestra manera habitual de conocer y percibir la realidad. Los encuentros con Māra ilustran el proceso de reconocimiento y trascendencia de estas limitaciones cognitivas.

La dimensión psicológica de Māra, analizada en profundidad por Jung en *Psicología y alquimia*, revela patrones arquetípicos universales en el proceso de transformación personal. La lucha con Māra representa el encuentro con la sombra psíquica y el proceso de integración necesario para el desarrollo espiritual completo. Esta interpretación encuentra resonancia en aproximaciones psicoterapéuticas contemporáneas, como señala de

Silva en *Buddhist and Freudian Psychology*, que ven en las narrativas de Māra modelos útiles para comprender y trabajar con la resistencia psicológica.

La relevancia contemporánea de Māra trasciende los marcos religiosos y psicológicos tradicionales. Las interpretaciones modernas de este arquetipo han evolucionado para abordar las formas contemporáneas de sufrimiento y alienación. En el contexto de la práctica mindfulness y las terapias basadas en la atención plena, la comprensión de Māra ofrece perspectivas valiosas sobre la naturaleza de los obstáculos en el desarrollo personal y su transformación.

Kabat-Zinn, en su obra *Coming to Our Senses*, ha señalado la particular relevancia de la figura de Māra para la práctica contemplativa contemporánea. Los diversos aspectos de Māra –como distracción, duda, miedo y deseo– continúan siendo reconocibles en la experiencia de practicantes modernos, ofreciendo un marco de referencia valioso para comprender y trabajar con los obstáculos en la práctica.

El estudio comprehensivo del *Māra Saṃyutta* revela un texto de extraordinaria profundidad y sofisticación que trasciende su contexto histórico inmediato para ofrecer perspectivas perdurables sobre la naturaleza del desarrollo espiritual y sus obstáculos. La colección representa uno de los tratamientos más refinados de la naturaleza del obstáculo espiritual en la literatura religiosa mundial, combinando penetración psicológica con profundidad filosófica y eficacia pedagógica.

La estructura del texto, lejos de ser un mero andamiaje literario, emerge como un vehículo sofisticado para la transmisión de la enseñanza. Podemos observar cómo la progresión desde encuentros relativamente simples hasta elaboradas alegorías refleja no solo un desarrollo narrativo sino una profundización sistemática en la comprensión de la naturaleza del obstáculo y su superación. Esta progresión corresponde a un mapa del camino de liberación, donde cada nivel de comprensión prepara el terreno para alumbramientos más profundos.

La contribución del texto al budismo temprano resulta fundamental en varios aspectos. Por un lado, articula con claridad la naturaleza de los obstáculos espirituales, proporcionando un marco de referencia que integra aspectos psicológicos, existenciales y soteriológicos. Por otro lado, desarrolla de manera práctica y accesible conceptos fundamentales como *anattā* (no-yo) y *dukkha* (insatisfacción), mostrando cómo estos principios operan en la experiencia directa del practicante.

La relevancia contemporánea del *Māra Saṃyutta* se extiende más allá del ámbito estrictamente budista. Las narrativas de encuentro y superación de las resistencias resuenan con inquietudes psicológicas y existenciales modernas, ofreciendo perspectivas valiosas para la comprensión de procesos de transformación personal y desarrollo espiritual. La figura de Māra, reinterpretada en términos contemporáneos, proporciona un modelo complejo para entender la naturaleza de la psicología de la mente y su transformación.

El análisis comparativo con otras tradiciones religiosas ha revelado tanto patrones universales como especificidades significativas en la manera budista de conceptualizar y abordar los obstáculos espirituales. Mientras otras tradiciones tienden a externalizar las fuerzas que se oponen al desarrollo espiritual, el budismo, a través de la figura de Māra, desarrolla una comprensión más matizada que integra dimensiones psicológicas, existenciales y cosmológicas.

Las implicaciones para los estudios religiosos comparados son significativas. El tratamiento budista de la mente egoica, ejemplificado en el *Māra Saṃyutta*, ofrece un modelo que trasciende las dicotomías simplistas entre bien y mal, interno y externo, personal y transpersonal. Esta sofisticación teórica, combinada con su orientación práctica, hace del texto una fuente valiosa para el diálogo interreligioso y el desarrollo de una comprensión más matizada de la transformación espiritual.

En el ámbito de la práctica contemplativa contemporánea, la relevancia del texto continúa siendo notable. Las estrategias para reconocer y trabajar con Māra proporcionan herramientas valiosas para practicantes modernos, independientemente de su orientación religiosa o filosófica. La universalidad de los patrones psicológicos descritos y la claridad de las estrategias propuestas mantienen su eficacia en contextos contemporáneos de práctica.

La verdadera importancia del *Māra Saṃyutta* radica en su capacidad para iluminar aspectos universales de la experiencia humana y proporcionar un marco para su transformación. En una época caracterizada por la búsqueda de herramientas efectivas para el desarrollo personal y la transformación de la consciencia, este texto antiguo ofrece perspectivas sorprendentemente relevantes y aplicables.

El estudio del *Māra Saṃyutta* no solo enriquece nuestra comprensión del budismo temprano sino que contribuye significativamente a diálogos contemporáneos sobre la naturaleza de la transformación personal y espiritual. Su sofisticada articulación de los obstáculos para el desarrollo humano y su potencial transformación continúa ofreciendo *insights* valiosos para practicantes e investigadores contemporáneos, demostrando la perdurable relevancia de esta antigua colección de textos.

El Bhikkhunī Saṃyutta:
LA PERSPECTIVA DE GÉNERO EN EL BUDISMO PRIMITIVO

El *Bhikkhunī Saṃyutta* constituye una colección extraordinariamente significativa dentro del Canon Pali, que documenta los encuentros entre monjas budistas iluminadas y Māra. Esta colección de diez suttas no solo proporciona un testimonio único de la experiencia espiritual de las primeras monjas budistas, sino que representa uno de los documentos más antiguos sobre autoridad espiritual femenina en la historia de las religiones.

La singularidad de estos textos reside en su presentación de mujeres practicantes que no solo alcanzan los más altos niveles de realización espiritual, sino que articulan su comprensión a través de una poesía de notable sofisticación doctrinal y poder literario. Los diálogos entre las monjas y Māra trascienden la mera confrontación narrativa para explorar temas fundamentales de la doctrina budista.

Estos textos emergen de un período crucial en la historia del budismo temprano, cuando la orden de monjas (*bhikkhunī sangha*) estaba estableciéndose y definiendo su lugar dentro de la comunidad budista más amplia. El hecho de que estas narrativas fueran preservadas y transmitidas sugiere su importancia para la legitimación de la capacidad de las mujeres para alcanzar la liberación completa.

Los suttas del *Bhikkhunī Saṃyutta* comparten material con el *Therīgāthā*[1] (Versos de las Monjas Mayores), aunque el contexto narrativo y la función de los versos difieren significativamente. Mientras que el *Therīgāthā* enfatiza las historias personales de transformación, el *Bhikkhunī Saṃyutta* se centra en la demostración de la realización espiritual a través del encuentro con Māra.

ESTRUCTURA Y PATRONES NARRATIVOS

Los diez suttas de la colección siguen una estructura narrativa que revela un patrón arquetípico de desafío espiritual y

---

1 Therīgāthā: (pali: थेरीगाथा, "Versos de las Monjas Mayores") es una colección de poemas budistas (s. VI-III a.C.) que forma parte del Canon Pali. Considerada una de las primeras antologías de literatura femenina conocida, contiene 73 poemas atribuidos a monjas budistas donde se abordan temas como la liberación espiritual, las experiencias de iluminación y la ruptura con roles tradicionales de género.

transformación. Este patrón refleja no solo una estructura literaria sino un mapa del proceso de despertar. Detengámonos en ellos.

EL SUTTA DE ĀḶAVIKĀ

El encuentro entre la monja Āḷavikā y Māra establece varios temas fundamentales que resonarán a lo largo del conjunto de suttas. La afirmación inicial de Māra de que "no hay escapatoria en el mundo" representa una articulación del dilema existencial fundamental que el budismo busca resolver. La respuesta de Āḷavikā, declarando haber "experimentado personalmente" esta escapatoria, establece la autoridad de la experiencia directa que caracterizará todas las respuestas de las monjas.

EL SUTTA DE SOMĀ

El encuentro de Somā con Māra representa quizás el texto más significativo de la colección por su confrontación directa con el prejuicio de género. La respuesta de Somā trasciende la mera defensa de la capacidad femenina para articular una comprensión profunda de la irrelevancia última del género desde la perspectiva del Dharma.

EL SUTTA DE KISĀGOTAMĪ

La narrativa de Kisāgotamī adquiere una particular resonancia dado su trasfondo biográfico. La referencia de Māra a "llorar como si tus hijos hubieran muerto" conecta directamente con temas universales de pérdida y transformación que trascienden las fronteras culturales y temporales.

Los suttas de las hermanas Cālā

Los tres suttas protagonizados por las hermanas Cālā, Upacālā y Sīsupacālā presentan una estructura triádica característica de la literatura india antigua, donde cada narrativa construye sobre la anterior para crear un argumento progresivo sobre la naturaleza de la liberación.

Los suttas de Selā y Vajirā

Los dos últimos suttas de la colección representan la culminación filosófica del texto. Los diálogos entre estas monjas y Māra abordan directamente las cuestiones más profundas de la metafísica budista: la naturaleza de la identidad personal y la realidad última de la existencia condicionada.

El sutta de Selā, con su metáfora de la marioneta, desarrolla una exposición práctica de la doctrina de la originación dependiente (*paṭicca-samuppāda*). La analogía de la semilla y el campo que emplea Selā no solo ilustra el principio de causalidad, sino que lo hace accesible a través de una imagen cotidiana.

La naturaleza de la identidad

La cuestión de la identidad personal y su relación con el género emerge como un tema central en la colección. Los textos presentan una doble perspectiva: por un lado, reconocen plenamente la experiencia femenina en el camino espiritual, mientras que por otro, apuntan hacia una comprensión que trasciende completamente las categorías de género.

Epistemología de la liberación

Los suttas revelan una epistemología distintivamente budista de la liberación. El conocimiento que demuestran las monjas no es meramente teórico o conceptual, sino que surge de la experiencia directa de la realidad última. Esta dimensión experiencial se enfatiza repetidamente a través de la frase "lo he experimentado personalmente" (*sayaṃ abhiññāya*).

La figura de Māra en estos textos opera como una representación de los obstáculos tanto externos como internos en el camino espiritual. Cada encuentro ilustra diferentes aspectos de lo que podríamos llamar la fenomenología del despertar.

Implicaciones sociales

La relevancia social e histórica de estos textos es múltiple. Los suttas no solo documentan la capacidad de las mujeres para alcanzar los más altos niveles de realización espiritual, sino que también proporcionan evidencia de su papel como maestras y preservadoras del Dharma.

El *Bhikkhuṇī Saṃyutta* mantiene una relevancia particular para el budismo contemporáneo, especialmente en el contexto del resurgimiento actual de la práctica budista en Occidente. Estos textos proporcionan no solo precedentes históricos sino modelos prácticos para la articulación de una espiritualidad que trasciende las limitaciones de género sin negarlas.

Desde una perspectiva práctica, estos suttas ofrecen un mapa detallado del proceso de transformación interior. Las respuestas de las monjas a Māra no son meras refutaciones doctrinales, sino expresiones de una realización profunda que surge de la práctica contemplativa sostenida. El *Bhikkhuṇī Saṃyutta* representa un testimonio perdurable de la capacidad humana universal para alcanzar la liberación, independientemente de las condiciones externas o las categorías sociales. Su mensaje central sobre la trascendencia de las limitaciones autoimpuestas y socialmente construidas mantiene una relevancia urgente en nuestro tiempo.

El *Māra y Bhikkhuṇī Saṃyuttas* son presentados en este volumen como una colección de extraordinaria profundidad y relevancia en múltiples niveles simultáneamente:

- Como documentos históricos que atestiguan la presencia y realización de practicantes femeninas en el budismo temprano.

- Como exposiciones doctrinales que articulan principios fundamentales del Dharma.

- Como guías prácticas para la transformación espiritual que mantienen su relevancia en el contexto contemporáneo.

La importancia de estos textos radica en su capacidad para proporcionar modelos de realización espiritual que trascienden las limitaciones históricas y culturales. Las voces de estas antiguas monjas budistas continúan resonando con sorprendente actualidad en las discusiones contemporáneas sobre género, espiritualidad y liberación.

Córdoba, a 13 de noviembre de 2024

MĀRA SAMYUTTA

Los *Discursos enlazados de Māra* contienen 25 suttasu protagonizados por Māra, el dios de la tentación, el engaño y la muerte. En estos discursos, Māra aparece típicamente en alguna forma aterradora o seductora, con la esperanza de perturbar al Buda, o bien desafía al Buda con un verso crítico. El Buda lo reconoce enseguida y expone su engaño en un verso. Māra también aparece a lo largo de la siguiente colección, donde las monjas se enfrentan a él.

PAṬHAMA VAGGA

1

MORTIFICACIÓN

Así lo he oído. En cierta ocasión, cuando despertó por primera vez, el Buda moraba cerca de Uruvelā en la raíz del baniano del cabrero, a orillas del río Nerañjarā. Entonces, mientras estaba en su retiro personal, este pensamiento vino a su mente:

¡Estoy verdaderamente liberado de ese penoso trabajo del ascetismo! Gracias a Dios[2] estoy liberado de ese trabajo agotador sin sentido.

2 Según los primeros textos budistas, como los que aparecen en el Canon Pali, el budismo temprano no se centra en la existencia o no existencia de un Dios creador supremo al estilo de las religiones monoteístas. El Buda parece haber considerado irrelevante la cuestión de un Dios creador para el propósito central de su enseñanza: la liberación del sufrimiento y el logro del Nibbāna. En textos como el Brahmajāla Sutta (DN 1), el Buda rechaza varias concepciones erróneas sobre un creador divino y el origen del universo. No niega explícitamente la existencia de seres divinos o dioses (devas), pero los considera sujetos también a la impermanencia, el renacimiento y la muerte. No son omnipotentes ni creadores del mundo. En lugar de un Dios creador, el budismo temprano explica el universo a través de la doctrina del origen dependiente (*paṭicca-samuppāda*). Todos los fenómenos surgen dependiendo de causas y condiciones, sin necesidad de un agente divino externo. El saṃsāra, el ciclo de renacimientos, no tiene un comienzo discernible (SN 15.1). Así pues, en el budismo temprano la cuestión de Dios no es central. El foco está en la comprensión de la naturaleza de la existencia (impermanencia, insatisfactoriedad, no-yo) y en el camino práctico para liberarse del sufrimiento siguiendo la enseñanza del Buda. Los dioses, aunque se acepta su existencia, están sujetos también a las mismas leyes y no tienen un rol esencial. La liberación no depende de la gracia

Gracias a Dios que, firme y plenamente consciente,
he alcanzado el Despertar.

Y entonces Māra el Malvado,
sabiendo lo que el Buda estaba pensando,
se acercó a él y se dirigió a él en verso:

Te has apartado de la práctica del ascetismo (mortificación).
mediante la cual los humanos se purifican.
Eres impuro, pero te crees puro;
te has desviado del camino de la pureza.

Entonces el Buda, sabiendo que se trataba de Māra el Impío,
le respondió en verso:

Me di cuenta de que es inútil.
Toda esa mortificación en busca de la inmortalidad
es tan inútil como remos y timón en tierra firme.
Ética, inmersión y sabiduría:
al desarrollar este camino hacia el despertar
alcancé la pureza definitiva.
Estás derrotado, exterminador.

Entonces Māra el Malvado, pensó:

¡El Buda me conoce! ¡El Bendito me conoce!

Miserable y triste, se desvaneció allí mismo.

---

divina sino del esfuerzo de cada uno. En resumen, aunque no niega tajantemente la existencia de dioses, el budismo temprano parece considerar la cuestión de un Dios supremo como irrelevante o incluso como una distracción respecto a su propósito soteriológico central. Su cosmovisión es esencialmente no-teísta, enfatizando la causalidad impersonal y el camino de liberación individual.

2

EN FORMA DE REY ELEFANTE

Así lo he oído. En cierta ocasión, cuando despertó por primera vez, Buda moraba cerca de Uruvelā, en la raíz del baniano del cabrero, a orillas del río Nerañjarā. Ahora bien, en aquel momento el Buda estaba meditando al aire libre durante la oscuridad de la noche, mientras caía una suave llovizna. Entonces Māra el Malvado, queriendo hacer sentir miedo, terror y ponerle la piel de gallina al Buda, se manifestó en forma de un enorme rey elefante y se acercó a él. Su cabeza era como un enorme bloque de piedra de jabón. Sus colmillos eran de plata pura. Su trompa era como una larga vara de arado. Entonces el Buda, sabiendo que se trataba de Māra el Malvado, se dirigió a él en verso:

Transmigrando durante tanto tiempo, has hecho formas bellas y feas.
¡Basta ya, malvado! ¡Estás derrotado, exterminador!

Entonces Māra el Malvado, pensó:

¡El Buda me conoce! ¡El Santo me conoce!

Miserable y triste, se desvaneció allí mismo.

3

PRECIOSO

Así lo he oído. En cierta ocasión, cuando despertó por primera vez, Buda moraba cerca de Uruvelā en la raíz del baniano del cabrero, a orillas del río Nerañjarā. En aquel momento el Buda meditaba al aire libre durante la oscuridad de la noche, mientras caía una suave llovizna.

Entonces Māra el Malvado, queriendo hacer sentir al Buda miedo, terror y ponerle la piel de gallina, se acercó a él, y no muy lejos generó un arcoíris de colores brillantes, tanto hermosos como feos. Entonces el Buda, sabiendo que se trataba de Māra el Malvado, le respondió en verso:

Transmigrando durante tanto tiempo,
has hecho formas bellas y feas.
Basta ya, malvado.
Estás derrotado, exterminador.

Aquellos que saben controlarse
en cuerpo, palabra y mente
no caen bajo el dominio de Māra,
no se convierten en tus secuaces.

Entonces Māra se desvaneció allí mismo.

4

LAS TRAMPAS DE MĀRA

1ª PARTE

Así lo he oído. En cierta ocasión, el Buda moraba cerca de Benarés, en el parque de ciervos de Isipatana. Allí el Buda se dirigió a los monjes:

—*¡Oh, monjes!*
—*¡Venerable Señor!* —respondieron.

El Buda dijo lo siguiente:

Oh, monjes, he alcanzado y realizado la libertad suprema mediante la debida atención y el debido esfuerzo. Vosotros también deberíais alcanzar y realizar la libertad suprema a través de la atención y el esfuerzo adecuados.

Entonces Māra el Malvado se acercó al Buda y se dirigió a él en verso:

Estás atado por las trampas de Māra,
tanto humanas como divinas.
Estás atado por los lazos de Māra:
¡no escaparás de mí, asceta!

[El Buda respondió:]

Estoy liberado de los acechos de Māra,
tanto humanos como divinos.
Estoy liberado de los lazos de Māra.
¡Estás derrotado, exterminador!

Entonces Māra se desvaneció allí mismo.

5

LAS TRAMPAS DE MĀRA

2ª PARTE

En cierta ocasión, Buda moraba cerca de Benarés, en el parque de los ciervos de Isipatana. Allí el Buda se dirigió a los monjes:

—*¡Oh, monjes!*
—*¡Venerable Señor!* —respondieron.

El Buda dijo esto:

Oh, monjes, estoy liberado de todas las trampas,
tanto humanas como divinas.
Vosotros también estáis libres de todas las trampas,
tanto humanas como divinas.
Caminad, oh monjes, por el bienestar y la felicidad
de la gente sin compasión por el mundo, por el bien,
el bienestar y la felicidad de los dioses y humanos.
Que no vayan dos por el mismo camino.
Enseñad el Dhamma que es bueno al principio,
bueno en el medio, y bueno al final, significativo y bien expresado.
Y revelad una práctica espiritual que es enteramente plena y pura.
Hay seres con un poco de polvo en los ojos.
Están en decadencia porque no han escuchado la enseñanza.
Habrá quienes entiendan la enseñanza.

Yo viajaré a Uruvelā, a la aldea de Senāni, para enseñar el Dhamma.

Entonces Māra el Malvado se acercó al Buda y se dirigió a él en verso:

Estás atado por todas las trampas,
tanto humanas como divinas.
Estás atado por el gran lazo[3]*:*
¡no escaparás de mí, asceta!

[El Buda respondió:]

Estoy liberado de todos los acechos,
tanto humanos como divinos.
Estoy liberado de los grandes lazos;
¡Estás derrotado, exterminador!

Entonces Māra se desvaneció allí mismo.

---

3 En los suttas del Māra Saṃyutta, Māra intenta en varias ocasiones atar al Buda con un lazo o atadura, tanto literal como metafóricamente. El "gran lazo" (*mahā-bandhana*) tiene un significado simbólico importante que parece simbolizar el apego, la principal cadena que nos ata al saṃsāra, el ciclo de renacimientos. Māra, como personificación de las fuerzas que obstaculizan la liberación, intenta convencer al Buda de que sigue atado por el apego y que por tanto no podrá escapar de su dominio. Pero el Buda afirma rotundamente que se ha liberado por completo del apego y por tanto de las ataduras de Māra. Ha comprendido plenamente la impermanencia y ha extirpado todo rastro de identificación errónea o apego al yo. Por eso puede proclamar su triunfo definitivo sobre Māra. Por tanto, este "gran lazo" simboliza el apego fundamental, especialmente la identificación con un yo permanente, que nos encadena al sufrimiento y al ciclo de renacimientos. Sólo trascendiendo ese apego, como ha hecho el Buda, es posible la completa liberación. Māra intenta hacer dudar al Buda de su logro, pero éste reafirma con total seguridad que ha roto todas las ataduras. Es un poderoso diálogo que simboliza el triunfo final del Despertar sobre los últimos vestigios de las fuerzas internas que nos alejan de la liberación. El gran lazo del apego ha sido cortado y Māra ha sido derrotado de una vez por todas.

6

UNA SERPIENTE

Así lo he oído. En cierta ocasión, el Buda moraba cerca de Rājagaha, en el bosquecillo de bambú, donde se alimentan las ardillas. En ese momento, el Buda estaba meditando al aire libre en la oscuridad de la noche, mientras caía una suave lluvia.

Entonces Māra el Malvado, queriendo hacer que el Buda sintiera miedo, terror y se le pusiera la piel de gallina, se manifestó en forma de un enorme rey serpiente y se acercó a él. Su cuerpo era como una enorme canoa tallada de un solo árbol. Su capucha era como un gran colador de cerveza. Sus ojos eran como grandes platos de bronce de Kosala. Su lengua parpadeaba como un relámpago en una tormenta eléctrica. El sonido de su respiración era como el resoplido del fuelle de un herrero.

Entonces el Buda, sabiendo que se trataba de Māra el Malvado, le respondió en verso:

Un sabio autocontrolado frecuenta
edificios vacíos para alojarse.
Es apropiado para tal persona
vivir allí después de renunciar.
Aunque hay muchos bichos espeluznantes

y muchas moscas y serpientes,
no moverían ni un pelo
de un gran sabio en esa choza vacía.
Aunque el cielo se parta y la tierra tiemble,
y todas las criaturas sean golpeadas por el miedo;
e incluso si una flecha apunta a su pecho,
los Budas no se refugian en los apegos.

Entonces Māra el Malvado, pensó:

¡El Buda me conoce! ¡El Santo me conoce!

Miserable y triste, se desvaneció allí mismo.

7

DURMIENDO

En cierta ocasión, el Buda moraba cerca de Rājagaha, en la Arboleda de Bambú, el comedero de las ardillas.

Pasaba la mayor parte de la noche practicando la meditación caminando al aire libre. Al amanecer se lavó los pies entró en su morada y se tumbó en la postura del león –del costado derecho, colocando un pie sobre el otro– consciente y concentrado en la hora de despertarse. Entonces Māra el Malvado se acercó al Buda y se dirigió a él en verso:

¿Qué, estás dormido? ¿De verdad, estás dormido?
Duermes como un perdedor: ¿qué pasa con eso?
Duermes pensando que la cabaña está vacía.
Duermes cuando ha salido el sol, ¿qué pasa con eso?

[El Buda respondió:]

Quien no se deja cautivar por el deseo
–ni se deja enredar por el apego–
que le lleva a ninguna parte,
habiendo vencido todos los apegos, el Despierto duerme.
¿Qué tiene que ver eso contigo, Māra?

Entonces Māra... se desvaneció allí mismo.

8

DELEITE

Así lo he oído. En un tiempo el Buda moraba cerca de Sāvatthī en la Arboleda de Jeta, en el parque de Anāthapiṇḍika. Entonces Māra el Malvado se acercó al Buda y recitó este verso en presencia del Buda:

¡Tus hijos te traen deleite!
¡Tú ganado también te da placer!
Porque los apegos son el deleite del hombre;
sin apegos no hay deleite.

[El Buda respondió:]

Tus hijos te traen tristeza.
Tu ganado también te trae tristeza.
Los apegos son la pena del hombre;
sin apegos no hay penas.

Entonces Māra el Malvado, pensó:

¡El Buda me conoce! ¡El Santo me conoce!

Miserable y triste, desapareció allí mismo.

9

DURACIÓN DE LA VIDA

1ª PARTE

Así lo he oído. En cierta ocasión el Buda moraba cerca de Rājagaha, en la Arboleda de Bambú, el lugar de alimentación de las ardillas. Allí el Buda se dirigió a los monjes:

—*¡Oh monjes!*
—*¡Venerable Señor!* —respondieron.

[El Buda dijo lo siguiente:]

Oh monjes, la vida de los humanos es corta.
Debéis pasar a la otra vida. Así que debéis ser hábiles,
debéis practicar para la vida espiritual.
Nadie que nace es inmortal.
Una vida larga son cien años o un poco más.

Entonces Māra el Malvado se acercó al Buda y se dirigió a él en verso:

¡La vida de los humanos es larga!
Una persona de bien no debe desdeñarla.
Vive como un niño de pecho mamando,
pues la Muerte no ha venido para ti.

[El Buda respondió:]

La vida de los humanos es corta
y una persona de bien no debe desdeñarla.
Debería vivir como si su cabeza estuviera ardiendo en llamas,
pues la Muerte viene para todos.

Entonces Māra el Maligno se dio cuenta:

El Exaltado me conoce, el Guía en el camino de la salvación
me conoce.

Y desapareció en el acto apesadumbrado y afligido.

10

DURACIÓN DE LA VIDA

2ª PARTE

Así lo he oído. En cierta ocasión el Buda moraba cerca de Rājagaha, en la Arboleda de Bambú, el lugar de alimentación de las ardillas. Allí el Buda dijo:

Oh Monjes, la vida de los humanos es corta.
Debéis ir a la otra vida. Así que debéis ser hábiles,
debéis practicar para la vida espiritual.
Nadie que nace es inmortal.
Una vida larga son cien años o un poco más.

Entonces Māra el Malvado se acercó al Buda y se dirigió a él en verso:

Los días y las noches no pasan deprisa,
y la vida no se acorta.
La vida de los mortales sigue rodando
como la llanta de un carro alrededor del cubo.

[El Buda respondió:]

Los días y las noches pasan deprisa
y entonces la vida se acorta.

La vida de los mortales se consume,
como el agua en pequeños arroyos.

Entonces Māra el Malvado, pensó:

¡El Buda me conoce! ¡El Santo me conoce!

Miserable y triste, desapareció allí mismo.

SEGUNDA SECCIÓN

DUTIYA VAGGA

11

ROCAS

En cierta ocasión, el Buda se alojaba cerca de Rājagaha, en la montaña del Pico del Buitre. En aquel tiempo el Buda meditaba al aire libre en la oscuridad de la noche, mientras lloviznaba suavemente. Entonces Māra el Malvado, queriendo hacer sentir al Buda miedo, terror y ponerle la piel de gallina, se acercó a él, y aplastó algunas grandes rocas cerca de él.

Entonces el Buda, sabiendo que se trataba de Māra el Malvado, se dirigió a él en verso:

Aunque sacudas
todo este Pico del Buitre,
los correctamente liberados,
los despiertos, no serán sacudidos.

Entonces Māra el Malvado, pensó:

¡El Buda me conoce! ¡El Santo me conoce!

Miserable y triste, desapareció allí mismo.

12

LEÓN

En cierta ocasión, el Buda se alojaba cerca de Sāvatthī, en la Arboleda de Jeta, en el parque de Anāthapiṇḍika. En ese tiempo el Buda estaba enseñando el Dhamma, rodeado de una gran asamblea. Entonces Māra pensó:

El asceta Gotama está enseñando el Dhamma, rodeado de una gran asamblea. ¿Por qué no voy y les engaño?

Entonces Māra el Malvado se acercó al Buda y se dirigió a él en verso:

¿Por qué ahora rujes como un león?
¡Estás tan seguro de ti mismo en la asamblea!
Puesto que hay alguien que luchará contigo,
¿por qué te imaginas que serás el vencedor?

[El Buda respondió:]

Los grandes héroes rugen
seguros de sí mismos en la asamblea.
El Realizado ha alcanzado el poder,
ha cruzado venciendo los apegos al mundo.

Entonces Māra el Malvado, pensó:

¡El Buda me conoce! ¡El Santo me conoce!

Miserable y triste, desapareció allí mismo.

13

UNA ASTILLA

Así lo he oído. En cierta ocasión, Buda moraba cerca de Rājagaha, en el parque de los ciervos de Maddakucchi.

En aquel momento el Victorioso se había cortado el pie con una astilla. El Bienaventurado sintió un dolor atroz; con sensaciones físicas dolorosas, punzantes, severas, agudas, incómodas y desagradables. Pero lo soportó con paciencia y conciencia plena, sin preocuparse. Extendió su túnica doblada en cuatro y se tumbó en la postura del león, sobre el costado derecho, colocando un pie sobre el otro, mientras mantenía la atención plena contemplando todo.

Entonces Māra el Malvado se acercó al Bienaventurado y se dirigió a él en verso:

¿Eres tan débil que te acuestas?
¿O estás borracho de poesía?
¿No tienes todo lo que necesitas?
Solo en un alojamiento apartado,
¿por qué este sueño, dormilón?

[El Buda respondió:]

No soy tan débil como para tumbarme, ni estoy borracho de poesía.
Habiendo alcanzado la meta, me he librado de la pena.
Solo en un alojamiento apartado,
me recuesto lleno de compasión por todas las criaturas vivientes.

Incluso aquellos con un dardo clavado en el pecho,
atravesando su corazón una y otra vez,
son capaces de conciliar el sueño.
¿Por qué no yo, de cuyo dardo me he liberado?

No me desvelo tenso, ni temo dormir.
Los días y las noches no me perturban,
ya que no veo declive para mí en el mundo.
Por eso me acuesto lleno de compasión
por todas las criaturas vivientes.

Entonces Māra el Malvado, pensó:

¡El Buda me conoce! ¡El Santo me conoce!

Miserable y triste, se desvaneció allí mismo.

14

APROPIADO

En cierta ocasión, Buda se encontraba en la tierra de los kosalanos, cerca de la aldea brahmánica de Ekasālā. Ahora bien, en aquel momento el Buda estaba enseñando el Dhamma, rodeado de una gran asamblea de laicos. Entonces Māra pensó:

El asceta Gotama está enseñando el Dhamma,
rodeado de una gran asamblea de laicos.
¿Por qué no voy y les engaño?

Entonces Māra el Malvado se acercó
al Victorioso y se dirigió a él en verso:

No es apropiado para ti
instruir a otros.
No te enredes en favorecer y oponerte,
mientras te dedicas a esto.

[El Buda respondió:]

El Buda instruye a los demás
por compasión por su bienestar.

El Realizado está liberado
de favorecer y oponerse.

Entonces Māra el Malvado, pensó:

¡El Buda me conoce! ¡El Santo me conoce!

Miserable y triste, se desvaneció allí mismo.

15

UNA TRAMPA MENTAL

Así lo he oído. En cierto momento el Buda moraba cerca de Sāvatthī en la Arboleda de Jeta, en el parque de Anāthapiṇḍika. Entonces Māra el Malvado se acercó al Bienaventurado y se dirigió a él en verso:

Hay una trampa mental
que vaga por el cielo.
Te ataré con ella,
¡no escaparás de mí, asceta!

[El Buda respondió:]

Visión, sonidos, sabores, olores
y toques tan deliciosos:
el deseo por ellos ha desaparecido de mí.
¡Estás derrotado, exterminador!

Entonces Māra el Malvado, pensó:

¡El Buda me conoce! ¡El Santo me conoce!

Miserable y triste, se desvaneció allí mismo.

16

LOS CUENCOS DE LIMOSNA

En cierta ocasión en Sāvatthī el Buda estaba educando, animando, encendiendo e inspirando a los monjes con una enseñanza del Dhamma sobre el tema de los cinco agregados aprehensivos[4]. Y esos monjes estaban prestando atención, centrándose, concentrándose de todo corazón y escuchando bien. Entonces Māra pensó:

Este asceta Gautama está educando, animando, encendiendo e inspirando a los monjes con una enseñanza del Dhamma sobre el tema de los cinco agregados aprehensivos. Y los monjes están prestando atención, enfocándose, concentrándose de todo corazón y escuchando bien. ¿Por qué no voy y les engaño?

En ese momento se colocaron varios cuencos de limosna al aire libre. Entonces Māra el Malvado se manifestó en forma de buey

---

4 Los cinco agregados de apego (*pañcupādānakkhandhā*) son las bases del apego y la identificación errónea que generan sufrimiento según el budismo temprano: (1) forma material o corporeidad (*rūpa*); (2) sensación (*vedanā*); (3) percepción (*saññā*); (4) formaciones mentales (*saṅkhāra*); y (5) conciencia (*viññāṇa*). El Buda enseñó que todos ellos son impermanentes (*anicca*), insatisfactorios (*dukkha*) y no-yo (*anattā*). La liberación se alcanza al contemplar su verdadera naturaleza y desapegarse de la tendencia a identificarlos como un yo.

y se acercó a esos cuencos. Entonces uno de los monjes le dijo a otro:

Monje, oh monje, ese buey romperá las escudillas.

Al decir esto, el Buda dijo a ese monje:

Oh monje, ése no es un buey.
¡Es Māra el Malvado que viene a engañar tus ojos!

Entonces el Victorioso, sabiendo que se trataba de Māra el Malvado, se dirigió a él en verso:

Vista, sentimiento y percepción,
conciencia y lo que se elige:
'Yo no soy esto' y 'esto no es mío';
así es como se pierde el interés por ellos.
Cuando estás desapegado, seguro,
todos los grilletes son trascendidos,
aunque Māra y su ejército te persigan por todas partes
nunca te encuentran.

Entonces Māra desapareció allí mismo.

17

LOS SEIS CAMPOS DE CONTACTO

En cierta ocasión, el Buda moraba cerca de Vesālī, en el Gran Bosque, en la sala con el techo en forma de pico techo. En aquel momento el Bienaventurado estaba educando, animando, encendiendo e inspirando a los monjes con una enseñanza de Dhamma sobre el tema de los seis campos de contacto[5]. Y esos monjes estaban prestando atención, centrándose, concentrándose de todo corazón y escuchando bien. Entonces Māra pensó:

Este asceta Gautama está educando, animando, encendiendo e inspirando a los monjes con una enseñanza de Dhamma sobre el tema de los seis campos de contacto. Y esos monjes están prestando atención, enfocándose, concentrándose de todo corazón y escuchando bien. ¿Por qué no voy y les engaño?

---

5   Los seis campos o bases de contacto (*saḷāyatana*) son los seis sentidos a través de los cuales se experimenta el mundo según el análisis budista temprano: (1) ojo y formas visibles; (2) oído y sonidos; (3) nariz y olores; (4) lengua y sabores; (5) cuerpo y sensaciones táctiles; (6) mente (*mano*) y objetos mentales (*dhammā*). Cada uno consta de un órgano sensorial, un objeto y la conciencia que surge del contacto entre ambos. También se les llama las seis "puertas" (*dvāra*) de la experiencia. Se dice que la comprensión de su naturaleza impermanente y condicionada es esencial para la liberación.

Entonces Māra el Malvado se acercó al Buda e hizo un ruido aterrador cerca de él. Parecía como si la tierra se hiciera añicos. Entonces uno de los monjes le dijo a otro:

¡Monje, oh monje, parece que la tierra se está haciendo añicos!

Entonces el Bienaventurado le dijo al monje:

Monje, no es la tierra la que se hace añicos.
Es Māra el Malvado que viene a engañarte.

Entonces el Victorioso, sabiendo que era Māra el Malvado, se dirigió a él en verso:

Vistas, sonidos, sabores, olores,
tacto y pensamientos, todos ellos
son el terrible cebo
que sumen al mundo en un hechizo de estupefacción.
Pero un discípulo consciente del Buda
ha trascendido todo eso.
Habiendo ido más allá del dominio de Māra,
brilla como el sol.

Entonces Māra se desvaneció allí mismo.

18

COMIDA DE LIMOSNA

En cierta ocasión, el Buda moraba en la tierra de los magadanes, cerca de la aldea brahmánica de Pañcasālā. Ahora bien, en aquel tiempo en Pañcasālā las mujeres jóvenes atendían a los huéspedes. Entonces el Bienaventurado se vistió por la mañana y, tomando su cuenco y su túnica, entró en Pañcasālā para pedir limosna. Māra había poseído a los brahmanes y a los dueños de casa de Pañcasālā, de modo que ellos pensaron:

¡No dejéis que el asceta Gotama reciba ninguna limosna!

Entonces el Buda salió de la aldea con su cuenco tan limpio como estaba cuando entró a pedir limosna. Entonces Māra el Malvado se acercó al Bienaventurado y le dijo:

Bueno, asceta, ¿conseguiste alguna limosna?

[El Buda respondió:]

Malvado, ¿te aseguraste de que no obtuviera ninguna limosna?

[Māra respondió:]

Pues bien, Señor,
bueno sería que Buda entre en Pañcasālā
por segunda vez para pedir limosna.
Me aseguraré de que recibas limosna.

[El Buda le dijo:]

Māra ha acumulado mal karma
al atacar al Realizado.
Malvado, ¿te imaginas que
tu maldad no dará frutos?
Nosotros que no tenemos nada
vivimos muy felices.
Nos alimentamos de éxtasis,
como los dioses del resplandor que fluye.

Entonces Māra el Malvado, pensó:

¡El Buda me conoce! ¡El Santo me conoce!

Miserable y triste, desapareció allí mismo.

19

UN GRANJERO

En cierta ocasión, en Sāvatthī, el Buda estaba educando, animando, encendiendo e inspirando a los monjes con una enseñanza de Dhamma sobre la impermanencia. Y esos monjes estaban prestando atención, centrándose, concentrándose de todo corazón y escuchando bien. Entonces Māra pensó:

El asceta Gautama está dando una enseñanza de Dhamma sobre la impermanencia y los monjes están escuchando bien. ¿Por qué no voy y les engaño?

Entonces Māra el Malvado se manifestó en la forma de un granjero que llevaba un gran arado al hombro. Llevaba una larga pértiga, el pelo revuelto, vestía de cáñamo y tenía los pies llenos de barro. Se acercó al Bienaventurado y le dijo:

Entonces, asceta, ¿has visto por casualidad algún buey?

[El Buda respondió:]

Pero, ¿qué tienes con los bueyes, malvado?

[Māra respondió:]

Solo mío, asceta, es el ojo, mías son las vistas, mía es la conciencia del contacto visual. ¿Dónde puedes escapar de mí, asceta? Solo mío es el oído... la nariz... la lengua... el cuerpo... la mente, míos son los pensamientos, mía es la conciencia del contacto mental. ¿Dónde puedes escapar de mí, asceta?
Solo tuyo, asceta, es el ojo, tuyas son las vistas, tuyo es el campo de la conciencia del contacto visual.

[El Buda le dijo:]

Donde no hay ojo, ni vista, ni conciencia de contacto visual, no tienes lugar.
¡Malvado! Tuyo solo es el oído... la nariz... la lengua... el cuerpo... la mente, tuyos son los pensamientos, tuya es la esfera de la conciencia de contacto mental. Donde no hay mente, ni pensamientos, ni conciencia no tienes lugar, malvado.

[Māra replicó:]

Las cosas que llaman "mías",
y de lo que dicen "es mío":
si tu mente permanece allí,
¡no escaparás de mí, asceta!

[El Buda:]

Las cosas de las que hablas no son mías.
Yo no soy alguien que hable así.
Que lo sepas, malvado:
ni siquiera verás mi camino.

Entonces Māra se desvaneció allí mismo.

20

REGLAS

En cierta ocasión, el Bienaventurado se encontraba en el país de los kosalanos, en una cabaña salvaje en las laderas del Himalaya. Entonces, mientras estaba en retiro personal, le vino a la mente este pensamiento:

¿Me pregunto si es posible gobernar legítimamente, sin matar o hacer que alguien mate por ti; sin conquistar o que alguien conquiste por ti; sin afligirse o causar aflicción?

Y entonces Māra el Malvado, sabiendo lo que el Buda estaba pensando, se acercó a él y le dijo:

¡Gobierna, Bendito! ¡Gobierna, Santo! Gobierna legítimamente, sin matar o hacer que alguien mate por ti; sin conquistar o hacer que alguien conquiste por ti; ¡sin entristecer o causar tristeza!

[El Buda respondió:]

¿Pero qué ves, Malvado, para que me digas esto?

[Māra le dijo:]

El Bendito ha desarrollado y cultivado las cuatro bases para el poder psíquico[6], las ha hecho vehículo y base, las ha mantenido, consolidado y aplicado correctamente. Si lo deseara, el Bendito solo necesita determinar que el Himalaya, rey de las montañas, sea oro, y se convertiría en,oro.

[El Buda:]

Toma una montaña de oro,
hecha enteramente de oro, y duplícala.
¡Todavía no es suficiente para uno!
Sabiendo esto, vive una vida moral.
Cuando una persona ha visto de dónde viene el sufrimiento,
¿cómo podría inclinarse hacia los placeres sensuales?
Al darse cuenta de que el apego es una atadura en el mundo,
una persona se entrenaría para eliminarlo.

Entonces Māra el Malvado, pensó:

¡El Buda me conoce! ¡El Santo me conoce!

Miserable y triste, se desvaneció allí mismo.

---

6 Las cuatro bases para el poder psíquico (*iddhipāda*) son cualidades mentales que conducen a habilidades extraordinarias y a la liberación según el budismo temprano: (1) concentración mediante el deseo o interés (*chanda-samādhi*); (2) mediante la energía (*vīriya-samādhi*); (3) mediante la conciencia (*citta-samādhi*); y (4) mediante la investigación reflexiva (*vīmaṃsā-samādhi*). Aunque pueden llevar a poderes sobrenaturales, su objetivo último es el progreso en el sendero hacia el Nibbāna.

TATIYA VAGGA

21

VARIOS

Así lo he oído. En cierta ocasión, el Buda se encontraba en la tierra de los Sakyas, cerca de Silāvatī.

Ahora, en ese momento, varios monjes estaban meditando no muy lejos del Victorioso, diligentes, agudos, y resueltos. Entonces Māra el Malvado se manifestó bajo la forma de un brahmán con una gran rasta, vestido con una piel de antílope. Era viejo, doblado, jadeante, y sostenía un bastón hecho de madera de higuera. Se acercó a aquellos monjes y les dijo:

Habéis salido siendo jóvenes, reverendos. Sois pelinegros, bendecidos con la juventud, en la flor de la vida, y nunca habéis coqueteado con los placeres sensuales. Disfrutad de los placeres sensuales humanos. No renuncies a lo que ves en la vida presente para perseguir lo que lleva tiempo.

[Un monje mayor respondió:]

Brahmán, eso no es lo que estamos haciendo. Estamos renunciando a lo que lleva tiempo para perseguir lo que vemos en la vida presente. Porque Buda dice que los placeres sensuales llevan tiempo; dan mucho sufrimiento y angustia, y están tanto más llenos de inconvenientes. Pero esta enseñanza es realizable en esta misma vida, inmediatamente efectiva, invitando a la introspección, relevante, para que las personas sensatas puedan conocerla por sí mismas.

Cuando hubieron hablado, Māra el Malvado bamboleó la cabeza, movió la lengua, levantó las cejas hasta que su frente frunció en tres surcos, y partió apoyándose en su bastón.

Entonces aquellos monjes mayores se acercaron al Buda, le rindieron homenaje, se sentaron a un lado y le contaron lo que había sucedido. El Victorioso dijo:

Oh monjes, ése no era un brahmán. Era Māra el Malvado que vino a engañar vuestros sentidos.

Entonces, conociendo el significado de esto, el Bienaventurado recitó este verso:

*Cuando una persona ha visto de dónde viene el sufrimiento
¿cómo podría inclinarse hacia los placeres sensuales?
Al darse cuenta de que el apego es una atadura en el mundo,
una persona se entrenará para eliminarlos.*

22

CON SAMIDDHI

En cierta ocasión, el Buda se encontraba en la tierra de los Sakyas, cerca de Silāvatī. En ese momento el venerable Samiddhi meditaba no lejos del Bienaventurado, diligente, agudo y resuelto. Entonces, mientras Venerable Samiddhi estaba en retiro personal, este pensamiento vino a su mente:

Soy tan afortunado, tan inmensamente afortunado, de tener un maestro que es un ser realizado, un Buda plenamente despierto. Soy tan afortunado, muy afortunado, de haber recibido una enseñanza y un entrenamiento tan bien explicados. Soy tan afortunado, tan afortunado, de tener compañeros espirituales que son éticos y de buen carácter.

Y entonces Māra el Malvado, sabiendo lo que Samiddhi estaba pensando, se acercó a él e hizo un ruido aterrador cerca de él. Parecía como si la tierra se hiciera añicos. Entonces Samiddhi se acercó al Buda, le rindió homenaje, se sentó a un lado y le contó lo que había sucedido.

El Buda dijo:

Samiddhi, eso no es la tierra haciéndose añicos. Es Māra el Malvado que viene a engañarte tus sentidos. Vuelve a ese mismo lugar, Samiddhi, y medita, diligente, agudo y resuelto.

—*Sí, Señor* —respondió Samiddhi.

Se levantó de su asiento, hizo una reverencia y rodeó respetuosamente al Buda manteniéndolo a su derecha, antes de marcharse. Y por segunda vez Samiddhi estuvo meditando en aquel mismo lugar, diligente, ardiente y resuelto. Y por segunda vez tuvo el mismo pensamiento y Māra hizo un ruido estremecedor. Entonces Samiddhi se dirigió a Māra el Malvado en verso:

Salí por fe de la vida laica al desamparo, sin hogar estable.
Mi atención y sabiduría son maduras,
mi mente está serena, en inmersión.
Haz las ilusiones que quieras,
no me molestará.

Entonces Māra el Malvado, pensó:

¡El monje Samiddhi me conoce!

Miserable y triste, desapareció allí mismo.

23

CON GODHIKA

Así lo he oído. En cierta ocasión el Buda moraba cerca de Rājagaha, en la Arboleda de Bambú, en donde se alimentan las ardillas. En aquel tiempo, el venerable Godhika estaba en las laderas de Isigili, en la Roca Negra.

Entonces Venerable Godhika, meditando diligente, agudo y resuelto, experimentó temporalmente la libertad del corazón. Pero luego cayó de esa libertad temporal del corazón. Por segunda... tercera... cuarta... quinta... sexta vez Godhika experimentó la libertad temporal del corazón.

Pero por sexta vez se alejó de ella. Por séptima vez Godhika, meditando diligente, agudo y resuelto, experimentó la libertad temporal del corazón. Entonces pensó:

Me he alejado de esta libertad temporal del corazón no menos de seis veces. ¿Por qué no me suicido[7]?

---

7 La autoinmolación y el suicidio ritual en el budismo representan casos excepcionales que contrastan con la doctrina general budista, que prohíbe dañar a cualquier ser vivo (incluido uno mismo). Si bien existen casos históricos notables como el de Thích Quảng Đức (1963) o los Sokushinbutsu japoneses, estos se consideran actos extremos de sacrificio político-religioso o búsqueda de ilumi-

Y entonces Māra el Malvado, sabiendo lo que Godhika estaba pensando, se acercó al Buda y se dirigió a él en verso:

¡Oh Gran Héroe, oh Gran Sabio!
Brillante de poder y gloria.
Has ido más allá de todas las amenazas y peligros,
me postro a tus pies, ¡oh vidente!
Gran héroe, maestro de la muerte,
tu discípulo anhela la muerte,
lo está planeando.
¡Detenlo, oh portador de luz!
Porque ¿cómo, Bendito, puede un discípulo tuyo,
uno que ama tus enseñanzas,
un aprendiz que no ha alcanzado el deseo de su corazón,
quitarse la vida, oh renombrado?

En aquel momento, el Venerable Godhika ya se había suicidado. Entonces el Buda, sabiendo que se trataba de Māra el Malvado, se dirigió a él en verso:

Así es como actúan los sabios,
pues no anhelan la vida.
Habiendo arrancado el ansia, raíz y todo,
Godhika se extingue.

Entonces el Buda dijo a los monjes:

—*Venid, monjes, vayamos a la Roca Negra en las laderas de Isigili donde Godhika, que procedía de una buena familia, se suicidó.*

---

nación, distinguiéndose del suicidio común. La mayoría de líderes budistas modernos, incluyendo al Dalai Lama, desaprueban estas prácticas, enfatizando que la preservación de la vida y la práctica sostenible del dharma son preferibles a los actos de autosacrificio.

—*Sí, Señor* —respondieron.

Entonces el Bienaventurado junto con varios monjes se dirigió a la Roca Negra en las laderas de Isigili. El Victorioso vio a lo lejos a Godhika tumbado en su catre, después de haberse desprendido de los agregados. En aquel momento, una nube de humo negro se movía hacia el este, el oeste, el norte, el sur, por encima, por abajo y en medio. Entonces el Buda dijo a los monjes:

—*Oh monjes, ¿veis esa nube de humo negro moviéndose hacia el este, el oeste, el norte, el sur, arriba, abajo y en medio?*

—*Sí, Señor* —respondieron los monjes.

Ese es Māra el Malvado buscando la conciencia de Godhika, preguntándose:

—*¿Dónde está la conciencia de Godhika establecida?*

—*Pero como su conciencia no está establecida, Godhika se extingue* —aclaró el Buda.

Entonces Māra, llevando su arpa de manzana de madera amarilla, se acercó al Buda y se dirigió a él en verso:

Por encima, por debajo y alrededor,
en los cuatro cuartos y en medio,
he estado buscando sin éxito:
¿dónde se ha metido ese Godhika?

[El Buda respondió:]

Era un sabio inquebrantable,
un meditador que amaba practicar la absorción[8].
De día y de noche se aplicaba
sin preocuparse por su vida.
Derrotó al ejército de la muerte,
y no regresará a ninguna vida futura.
Habiendo arrancado el ansia de raíz y todo
Godhika se ha extinguido.

Golpeado por la tristeza, con su arpa cayendo de su axila, ese espíritu, abatido, se desvaneció allí mismo.

---

8 La absorción (*jhāna*) en el budismo temprano se refiere a estados de profunda concentración meditativa en un solo objeto, en los que la mente se unifica y aquieta progresivamente. Se describen cuatro jhānas en los textos canónicos, cada uno más sutil que el anterior, caracterizados por factores como el pensamiento aplicado (*vitakka*), el pensamiento sostenido (*vicāra*), el gozo (*pīti*), la dicha (*sukha*) y la ecuanimidad (*upekkhā*). Se considera que el dominio de los jhānas es un requisito para el desarrollo de la sabiduría intuitiva (*paññā*) que conduce al Nibbāna. Para conocer a fondo los estados jhana, véase la obra de Paul Dennison *La consciencia Jhana: la meditación budista en la era de la neurociencia*, de Paul Dennison (Cántico, 2024).

24

SIETE AÑOS DE SEGUIMIENTO

Así lo he oído. En cierta ocasión el Buda moraba cerca de Uruvelā en el baniano del cabrero a orillas del río Nerañjarā. En aquella época, Māra el Malvado había estado siguiendo a Buda durante siete años esperando encontrar una vulnerabilidad sin éxito. Entonces Māra el Malvado se acercó al Buda y se dirigió a él en verso:

¿Estás abrumado por la pena que te hace meditar en el bosque?
¿Has perdido una fortuna o anhelas tenerla?
¿O tal vez has cometido algún crimen en la aldea?
¿Por qué no te acercas demasiado a la gente?
¿Y por qué nadie se acerca a ti?

[El Buda respondió:]

He desenterrado por completo la raíz del sufrimiento.
Practico la absorción libre de culpa o pena.
He cortado toda codicia y hambre de vidas futuras.
Inmaculado, practico la absorción, ¡oh pariente de los negligentes!

[Māra le dijo:]

Las cosas que llaman "mías",
y los que dicen "es mío":
si tu mente permanece allí,
¡no escaparás de mí, asceta!

[El Buda respondió:]

Las cosas de las que hablan no son mías.
Yo no soy alguien que habla así.
Que lo sepas, malvado:
ni siquiera verás mi camino.

[Māra replicó:]

Si has descubierto el camino
que es seguro, y conduce a lo inmortal,
ve y recorre ese camino solo,
¿por qué enseñárselo a alguien más?

[El Buda:]

Aquellos que cruzan a la orilla lejana
preguntan qué hay más allá del dominio de la Muerte.
Cuando me preguntan, les explico
la verdad sin ataduras.

[Māra el Malvado respondió:]

Señor, supongamos que hubiera un estanque de lotos no lejos de un pueblo o aldea, y que allí viviera un cangrejo. Entonces varios chicos o chicas saldrían de la ciudad o pueblo e irían al estanque, donde sacarían el cangrejo y lo pondrían en tierra firme. Cada vez que el cangrejo extendía una pinza, los chicos o chicas la romperían con un palo o una piedra. Y cuando todas las pinzas del cangrejo hubieran sido quebradas y rotas, no podría volver al estanque de lotos. De la misma manera, Señor, el Bienaventurado ha quebrado, agrietado, y roto todos mis trucos, esquivas, y evasiones. Ahora no soy capaz de acercarme de nuevo al Victorioso con la esperanza de encontrar una vulnerabilidad.

Entonces Māra el Malvado recitó estos versos de desilusión en presencia del Buda:

Un cuervo rodeó una vez una piedra
que parecía un trozo de grasa.
"Tal vez encuentre algo tierno", pensó,
"quizás haya algo sabroso".
Pero no encontró nada sabroso,
así que el cuervo abandonó aquel lugar.
Como el cuervo que picoteaba la piedra,
dejo a Gotama, desilusionado.

25

LAS HIJAS DE MĀRA

Y entonces Māra el Malvado, tras recitar estos versos de desilusión en presencia del Buda, abandonó el lugar. Se sentó con las piernas cruzadas en el suelo, no lejos del Buda, en silencio, avergonzado, con los hombros caídos, abatido, deprimido, sin nada que decir, rascando el suelo con un palo. Entonces las hijas de Māra (el Deseo, el Deleite y la Lujuria) se acercaron a Māra el Malvado, y se dirigieron a él en verso:

¿Por qué tan abatido, papá?
¿Por qué hombre estás disgustado?
Lo atraparemos con la trampa de la lujuria,
como a un elefante en libertad.
Lo ataremos y lo traeremos,
¡caerá bajo su dominio!

[Māra el Malvado respondió:]

En este mundo él es el perfeccionado, el Santo.
No se deja seducir fácilmente por la lujuria.
Ha ido más allá del dominio de Māra;
por eso estoy tan disgustado.

Entonces las hijas de Māra, el Deseo, el Deleite y la Lujuria, se acercaron al Buda y le dijeron:

Nosotras servimos a tus pies, asceta.

Pero el Buda las ignoró, ya que se había liberado con el supremo fin de los apegos. Entonces el Deseo, el Deleite y la Lujuria se retiraron a un lado para idear un plan.

Los hombres tienen una diversa gama de gustos. ¿Por qué no nos manifestamos cada una en forma de cien jóvenes doncellas?

Así que eso es lo que hicieron. Luego se acercaron al Buda y le dijeron:

Servimos a tus pies, asceta.

Pero el Buda siguió ignorándolas, ya que se había liberado con el fin supremo de los apegos. Entonces el Deseo, el Deleite y la Lujuria se retiraron a un lado para idear un plan.

Los hombres tienen una diversa gama de gustos. ¿Por qué no nos manifestamos cada una en forma de cien mujeres que nunca hayan dado a luz?

Así que eso fue lo que hicieron. Luego se acercaron al Buda y le dijeron:

Nosotras servimos a tus pies, asceta.

Pero el Buda siguió ignorándolas, ya que se había liberado con el supremo fin de los apegos. Entonces el Deseo, el Deleite y la Lujuria se manifestaron cada una en forma de cien mujeres que han dado a luz una vez... mujeres que han dado a luz dos veces... mujeres de mediana edad... ancianas...

Pero el Buda seguía ignorándolas, ya que se había liberado con el fin supremo de los apegos. Entonces el Deseo, el Deleite y la Lujuria se retiraron a un lado y dijeron:

Lo que nuestro padre dice es cierto:

"En este mundo él es el perfeccionado, el Santo.
No se deja seducir fácilmente por la lujuria.
Ha ido más allá del dominio de Māra;
por eso estoy tan disgustado".

Porque si nos hubiéramos acercado a cualquier asceta o brahmán como éste que no estuviera libre de lujuria, su corazón explotaría, o vomitaría sangre caliente por la boca, o se volvería loco y perdería la razón. Se secaría, y se marchitaría como una caña verde que fue segada.

Entonces las hijas de Māra, el Deseo, el Deleite y la Lujuria, se acercaron a Buda y se colocaron a un lado. La hija de Māra, Deseo, se dirigió a Buda en verso:

¿Estás abrumado por la pena que te hace meditar en el bosque?
¿Has perdido una fortuna, o anhelas tenerla?
¿O tal vez has cometido algún crimen en la aldea?
¿Por qué no te acercas demasiado a la gente?
¿Y por qué nadie se acerca a ti?

[El Buda respondió:]

He alcanzado la meta, la paz del corazón.
Habiendo conquistado el ejército de lo agradable y placentero,
solo, practicando la absorción, desperté a la dicha.
Por eso no me acerco demasiado a la gente,
y nadie se acerca demasiado a mí.

Entonces la hija de Māra, Deleite, se dirigió al Buda en verso:

¿Cómo un mendicante que ha cruzado cinco inundaciones
suele meditar aquí mientras cruza la sexta?
¿Cómo suelen practicar la absorción para que las percepciones
sensuales sean ahuyentadas y no se apoderen de ellos?

[El Buda respondió:]

Con el cuerpo tranquilo y la mente bien liberada
sin hacer planes, atentos, sin hogar;
comprendiendo la enseñanza,
practican la absorción sin colocar la mente;
no tiemblan, ni están a la deriva, ni rígidos.
Así es como un monje que ha cruzado cinco inundaciones
suele meditar aquí mientras cruza la sexta.
Así es como suelen practicar la absorción para que las percepciones
sensuales se alejen y no se apoderan de ellos.

Entonces la hija de Māra, Lujuria, se dirigió al Buda en verso:

Vive con su comunidad después de cortar el ansia,
y muchos de los fieles cruzarán con seguridad.
Ay, este vagabundo arrebatará a muchos hombres
y los conducirá más allá del Rey de la Muerte.
Los grandes héroes guían
por medio de la verdadera enseñanza.

Cuando los Realizados dirigen por medio de la enseñanza,
¿cómo podría alguien con discernimiento estar celoso?

Entonces las hijas de Māra el Deseo, el Deleite y la Lujuria se alejaron de Māra el Malvado. Māra el Malvado las vio alejarse en la distancia, y se dirigió a ellas en verso:

¡Idiotas! ¡Perforáis una montaña
con tallos de loto!
¡Caváis una colina con las uñas!
¡Mascáis hierro con los dientes!
¡Buscáis un pie en las profundidades
mientras levantáis una roca con la cabeza!
Después de atacar un tocón con el pecho, por así decirlo,
dejáis a Gotama permaneciendo libre de ilusión.

Vinieron en su esplendor
Deseo, Deleite y Lujuria.
Pero el Maestro se las quitó de encima allí mismo,
como un mechón que cae con la brisa.

LOS DISCURSOS ENLAZADOS
DE MĀRA ESTÁN COMPLETOS

BHIKKHUNĪ SAṂYUTTA

Los *Discursos enlazados de las monjas* contienen 10 suttas que describen momentos en que varias monjas se retiran a un bosque para meditar, sólo para ser desafiadas por Māra.

Los versos aquí se solapan en parte con los del *Therīgāthā*, aunque hay algunos que son únicos para este contexto, y también tenemos una narración en prosa para dar cuerpo al contexto. Los desafíos de Māra son diversos; a veces es sexista, alegando que las mujeres son débiles en sabiduría (SN 5.2). Varios de estos textos breves se encuentran entre los más citados de todos los suttas.

1

CON ĀḶAVIKĀ

Así lo he oído. En cierta ocasión, el Buda moraba cerca de Sāvatthī, en la Arboleda de Jeta, el parque de Anāthapiṇḍika. Entonces la monja Āḷavikā se vistió por la mañana y tomando su cuenco y su túnica, entró en Sāvatthī en busca de limosna. Vagó en busca de limosna por Sāvatthī. Después de la comida y de vuelta de pedir limosna, se fue al Bosque Oscuro en busca de reclusión. Entonces Māra el Malvado, queriendo hacer que la monja Āḷavikā sintiera miedo, terror y se le pusiera la piel de gallina, para hacerla caer de su reclusión, se acercó y dirigió así a ella en verso:

No hay escapatoria en el mundo,
¿para qué te servirá la reclusión?
Disfruta de las delicias del placer sensual;
no te arrepientas después.

Entonces la monja Āḷavikā pensó:

¿Quién dice este verso, un humano o un no-humano?

Entonces ella pensó:

¡Este es Māra el Malvado, queriendo hacerme sentir miedo,
terror y ponerme la piel de gallina, para hacerme caer de la reclusión!

Entonces Āḷavikā, sabiendo que se trataba de
Māra el Malvado, le respondió en verso:

Hay una escapatoria en el mundo,
y la he experimentado personalmente con sabiduría.
Oh Malvado, pariente de negligentes,
tú no conoces ese lugar.
Los placeres sensuales son como espadas y estacas;
los agregados son su tajadera.
Lo que tú llamas placer sensual
nunca fue delicioso para mí.

Entonces Māra el Malvado, pensó:

¡La monja Āḷavikā me conoce!

Miserable y triste, se desvaneció allí mismo.

2

CON SOMĀ

En cierta ocasión en Sāvatthī, la monja Somā se vistió por la mañana y, tomando su cuenco y su túnica, entró en Sāvatthī en busca de limosna. Vagó en busca de limosna por Sāvatthī. Después de la comida, a su regreso de pedir limosna, se adentró al Bosque Oscuro y se sentó en la raíz de un árbol para realizar la meditación del día. Entonces Māra el Malvado, queriendo hacer sentir a la monja Somā miedo, terror y que se le pusiera la piel de gallina, para hacerla caer de su inmersión, se acercó a ella y se dirigió a ella en verso:

Ese estado es muy difícil;
es para que lo alcancen los sabios.
No es posible para una mujer
con su sabiduría de dos dedos.

Entonces la monja Somā pensó:

¿Quién dice este verso, un humano o un no-humano?

Entonces ella pensó:

¡Es Māra el Malvado, queriendo hacerme sentir miedo, terror y ponerme la piel de gallina, para hacerme caer de la inmersión!

Entonces Somā, sabiendo que se trataba de Māra el Malvado, le replicó en verso:

¿Qué diferencia hay entre ser mujer
cuando la mente está serena
y el conocimiento está presente
al discernir correctamente el Dhamma?
Seguramente alguien que pueda pensar:
'Soy mujer', o 'Soy hombre',
o 'yo soy' cualquier cosa,
es apto para que Māra se dirija a él.

Entonces Māra el Malvado, pensó:

¡La monja Somā me conoce!

Miserable y triste, se desvaneció justo allí mismo.

3

CON KISĀGOTAMĪ

En cierta ocasión en Sāvatthī, la monja Kisāgotamī se vistió por la mañana y, tomando su cuenco y su túnica, entró en Sāvatthī para pedir limosna. Vagó en busca de limosna por Sāvatthī. Después de la comida, a su regreso de pedir limosna, se dirigió al Bosque Oscuro, se sumergió en él y se sentó en la raíz de un árbol para su meditación diaria. Entonces Māra el Malvado, queriendo hacer que la monja Kisāgotamī sintiera miedo, terror, y se le pusiera la piel de gallina, para hacerla caer de la inmersión, se acercó a ella y se dirigió en verso:

¿Por qué te sientas sola y lloras
como si tus hijos hubieran muerto?
Has venido sola al bosque,
debes de estar buscando a un hombre.

Entonces la monja Kisāgotamī pensó:

¿Quién está diciendo este verso, un humano o un no-humano?

Entonces pensó:

¡Este es Māra el Malvado, queriendo hacerme sentir miedo, terror y ponerle la piel de gallina, para hacerme caer de la inmersión!

Entonces Kisāgotamī, sabiendo que se trataba de Māra el Malvado, le respondió en verso:

He superado la muerte de los niños,
y acabado con los hombres.
No me aflijo ni me lamento,
¡y no le temo, señor!
El placer está destruido en todos los aspectos,
y la masa de oscuridad está destrozada.
He derrotado al ejército de la muerte,
y vivo sin contaminaciones.

Entonces Māra el Malvado, pensó:

¡La monja Kisāgotamī me conoce!

Miserable y triste, se desvaneció allí mismo.

4

CON VIJAYĀ

En una ocasión en Sāvatthī, la monja Vijayā se vistió por la mañana y se sentó en la raíz de un árbol para la meditación del día. Entonces Māra el Malvado, queriendo hacer que la monja Vijayā sintiera miedo, terror y se le pusiera la piel de gallina, para hacerla caer de la inmersión, se acercó a ella y se dirigió a ella en verso:

Eres joven y hermosa
y yo soy un joven en la flor de la vida.
Ven, mi señora, disfrutemos
de la música de una banda de cinco platillos.

Entonces la monja Vijayā pensó:

¿Quién dice este verso, un humano o un no-humano?

Entonces ella pensó:

¡Este es Māra el Malvado, queriendo hacerme sentir miedo, terror y ponerme la piel de gallina, para hacerme caer de la inmersión!

Entonces Vijayā, sabiendo que se trataba de Māra el Malvado, le respondió en verso:

Vistas, sonidos, sabores, olores,
y toques tan deliciosos.
Te los devuelvo, Māra,
no siento que tengan utilidad para mí.
Este cuerpo está sucio,
decadente y frágil.
Me horroriza y me repugna,
y he desarraigado el ansia sensual.
Hay seres en el reino de la forma luminosa,
otros establecidos en lo informe,
y también aquellos con logros pacíficos:
he destruido la oscuridad con respecto a todos ellos.

Entonces Māra el Malvado, pensó:

¡La monja Vijayā me conoce!

Miserable y triste, se desvaneció allí mismo.

5

CON UPPALAVAṆṆĀ

En otra ocasión en Sāvatthī, la monja Uppalavaṇṇā se vistió por la mañana y se paró junto a la raíz de un árbol de sal en plena floración. Entonces Māra el Malvado, queriendo hacer sentir miedo a la monja Uppalavaṇṇā, terror, y ponerle la piel de gallina, para hacerla caer de la inmersión, se acercó a ella y se dirigió a ella en verso:

Has venido a este árbol de sal todo coronado de flores
y estás sola en su raíz, oh monja.
Tu belleza es insuperable;
niña tonta, ¿no temes a los bribones?

Entonces la monja Uppalavaṇṇā pensó:

¿Quién dice este verso, un humano o un no-humano?

Luego pensó:

¡Este es Māra el Malvado, queriendo hacerme sentir miedo, terror y ponerme la piel de gallina, para hacerme caer de la inmersión!

Entonces Uppalavaṇṇā, sabiendo que éste era Māra el Malvado, le replicó en verso:

Aunque 100.000 bribones como tú
vinieran aquí,
no me movería ni un pelo ni me alarmaría.
No te tengo miedo, Māra, aunque esté sola.
Desapareceré, o entraré en tu vientre.
Podría estar entre tus cejas
y, aun así, no me verías.
He conquistado a mi propia mente,
he desarrollado bien las bases del poder psíquico.
Estoy libre de todas las ataduras
¡y no le tengo miedo, señor!

Entonces Māra el Malvado, pensó:

¡La monja Uppalavaṇṇā me conoce!

Miserable y triste, desapareció allí mismo.

6

CON CĀLĀ

En cierta ocasión en Sāvatthī, la monja Cālā se vistió por la mañana y se sentó en la raíz de un árbol para la meditación del día. Entonces Māra el Malvado se acercó a Cālā y le dijo:

—*Monja, ¿qué es lo que no apruebas?*
—*No apruebo el renacimiento, señor* —respondió la monja Cālā.

[Māra el Malvado le dijo:]

¿Por qué no apruebas el renacimiento?
Cuando naces, disfrutas de los placeres sensuales.
¿Quién puso esta idea en tu cabeza?:
"Monja, no apruebes el renacimiento".

[La monja Cālā respondió:]

La muerte llega para los que nacen,
cuando naces pasas por sufrimientos:
encarcelamiento, ejecución, penurias...
Por eso no debe ser aprobado el renacimiento.
El Buda me enseñó el Dhamma
para ir más allá del renacimiento,

y abandonar todo sufrimiento;
Me asentó en la verdad.
Hay seres en el reino de la forma luminosa,
y otros establecidos en lo informe.
Al no comprender la cesación,
regresan una y otra vez en vidas futuras.

Entonces Māra el Malvado, pensó:

¡La monja Cālā me conoce!

Miserable y triste, se desvaneció allí mismo.

7

CON UPACĀLĀ

Una vez en Sāvatthī, la monja Upacālā se vistió por la mañana y se sentó en la raíz de un árbol para la meditación del día. Entonces Māra el Malvado se acercó a Upacālā y le dijo:

—*Monja, ¿dónde quieres renacer?*

—*No quiero renacer en ningún sitio, señor* —respondió la monja Upacālā.

[Māra el Malvado le dijo:]

Están los Dioses de los Treinta y Tres, y los de Yama;
también las Deidades Alegres,
los Dioses Que Aman Crear,
y los Dioses que Controlan las Creaciones de Otros.
Pon tu corazón en tales lugares
y te deleitarás.

[La monja Upacālā le respondió:]

Los Dioses de los Treinta y Tres, y los de Yama;
también las Deidades Alegres,
los Dioses Que Aman Crear,

y los Dioses que Controlan las Creaciones de Otros
están atados con los lazos de la sensualidad;
vuelven a caer bajo tu dominio.
El mundo entero está ardiendo
El mundo entero está humeante,
El mundo entero está en llamas,
El mundo entero se mece.
Mi mente adora aquel lugar
donde Māra no puede ir;
no tiembla ni arde,
ni es frecuentado por gente corriente.

Entonces Māra el Malvado, pensó:

¡La monja Upacālā me conoce!

Miserable y triste, se desvaneció allí mismo.

8

CON SĪSUPACĀLĀ

Una vez, en cierta ocasión en Sāvatthī, la monja Sīsupacālā se vistió por la mañana y se sentó en la raíz de un árbol para la meditación del día. Entonces Māra el Malvado se acercó a Sīsupacālā y le dijo:

—*Monja, ¿en qué credo crees?*
—*No creo en el credo de nadie, señor* —respondió la monja.

[Māra el Malvado replicó:]

¿En nombre de quién te has afeitado la cabeza?
Pareces una asceta, pero no crees en ningún credo.
¿Por qué vives como perdida?

[La monja Sīsupacālā respondió:]

Los seguidores de otros credos
están seguros de sus puntos de vista.
Pero yo no creo en sus enseñanzas,
pues no son expertos en el Dhamma.
Pero hay uno nacido en el clan Sakya,
el Buda sin rival, campeón, disipador de Māra,

en todas partes invicto,
en todas partes liberado y sin ataduras,
el vidente que todo lo ve.
Ha alcanzado el fin de todas las acciones,
y se ha liberado de todos los apegos.
Ese Bendito es mi Maestro,
y creo en su instrucción.

Entonces Māra el Malvado, pensó:

¡La monja Sīsupacālā me conoce!

Miserable y triste, se desvaneció allí mismo.

9

CON SELĀ

Una vez, en cierta ocasión en Sāvatthī, la monja Selā se vistió por la mañana y se sentó en la raíz de un árbol para la meditación del día. Entonces Māra el Malvado, queriendo hacer sentir a la monja Selā miedo, terror y que se le pusiera la piel de gallina, se dirigió a ella en verso:

¿Quién ha creado esta marioneta?
¿Dónde está su creador?
¿Dónde ha surgido la marioneta?
Y ¿dónde cesa?

Entonces la monja Selā pensó:

¿Quién dice este verso, un humano o un no-humano?

Entonces ella pensó:

¡Es Māra el Malvado, queriendo hacerme sentir miedo, terror y ponerme la piel de gallina, para hacerme caer de la inmersión!

Entonces Selā, sabiendo que se trataba de Māra el Malvado, le respondió en verso:

Esta marioneta no está hecha por uno mismo,
ni esta miseria es hecha por otro.
Surge debido a una causa
y cesa cuando las causas se quiebran.
Es como una semilla que se siembra
en un campo; crece
dependiendo tanto de los nutrientes del suelo
como de la humedad.
De la misma manera los agregados y elementos
y estos seis campos sensoriales
surgen por una causa
y cesan cuando la causa se elimina.

Entonces Māra el Malvado, pensó:

¡La monja Selā me conoce!

Miserable y triste, se desvaneció justo allí mismo.

10

CON VAJIRĀ

En otra ocasión en Sāvatthī, la monja Vajirā se vistió por la mañana y, tomando su cuenco y su túnica, entró en Sāvatthī en busca de limosna. Vagó en busca de limosna por Sāvatthī. Después de la comida, a su regreso de pedir limosna, fue al Bosque Oscuro, se adentró en él y se sentó en la raíz de un árbol para la meditación del día.

Entonces Māra el Malvado, queriendo hacer sentir a la monja Vajirā miedo, terror y ponerle la piel de gallina, para hacerla caer de la inmersión, se acercó y dirigió a ella en verso:

¿Quién ha creado a este ser sensible?
¿Dónde está su creador?
¿Dónde ha surgido el ser y dónde cesa?

Entonces la monja Vajirā pensó:

¿Quién dice este verso, un humano o un no-humano?

Entonces ella pensó:

¡Es Māra el Malvado, queriendo hacerme sentir miedo, terror y ponerle la piel de gallina, para hacerme caer de inmersión!

Entonces Vajirā, sabiendo que se trataba de Māra el Malvado, le replicó en verso:

¿Por qué crees que existe tal cosa como un "ser sensible"?
¿Es esta tu teoría, Māra?
No es más que un cúmulo de condiciones,
no encontrarás un ser sensible aquí.
Cuando se ensamblan las partes
usamos la palabra «vehículo».
Así también, cuando los agregados están presentes
«ser sensible» es la convención que usamos.
Pero es solo sufrimiento lo que llega a ser,
dura un tiempo y luego desaparece.
Nada más que el sufrimiento llega a ser,
nada excepto el sufrimiento cesa.

Entonces Māra el Malvado, pensó:

¡La monja Vajirā me conoce!

Miserable y triste, desapareció allí mismo.

LOS DISCURSOS ENLAZADOS
DE LAS MONJAS HAN CONCLUIDO

ÍNDICE

Māra Saṃyutta

Bhikkhunī Saṃyutta

El libro budista de Māra
compuesto con tipos Montserrat
en créditos y portadillas, y DGP
en el resto de las tripas,
maquetado bajo el cuidado de Daniel Vera,
habiéndose encargado de la revisión
ortotipográfica y la corrección de galeradas
los traductores y con la conformidad
de Raúl Alonso como editor
de mesa de la obra,
se terminó de imprimir
el 7 de enero de 2025.
Ese mismo día de 1610 Galileo Galilei
observó cuatro de las lunas de Júpiter a través
de su telescopio, por lo que serían bautizadas
como las lunas galileanas.

LAUS DEO